BANQUET RÉFORMISTE

DE COULOMMIERS. (Seine-et-Marne.)

COMPTE RENDU

EN VENTE, AU PROFIT DES PAUVRES,

A LA LIBRAIRIE **PICARD**, RUE DU MARCHÉ, A COULOMMIERS.

Prix : 50 Cent.

PARIS

IMPRIMERIE ET LITHOGRAPHIE DE MAULDE ET RENOU,
Rue Bailleul, 9 et 11.

29 SEPTEMBRE 1847.

L'arrondissement de Coulommiers, qui, depuis plus de vingt ans, a donné tant de preuves de patriotisme, devait être un des premiers à faire une manifestation en faveur de la réforme électorale et parlementaire.

Aussi les citoyens de cet arrondissement se sont-ils empressés de répondre à l'appel qui leur a été fait.

Ce n'est que le 22 septembre que sont parties les lettres d'invitation, et cependant, le 29 au matin, c'est-à-dire sept jours après seulement, plus de trois cents personnes s'étaient fait inscrire. Deux heures avant l'ouverture de la salle, cent personnes environ se sont encore présentées, mais le défaut de temps et d'espace a obligé les commissaires à les refuser.

Cette manifestation a eu lieu dans la salle de spectacle décorée avec goût pour la circonstance. A droite et à gauche en entrant, on lisait les noms des chefs-lieux de canton de l'arrondissement de Coulommiers, avec ces mots : *Agriculture, Commerce, Loyauté, etc.* —Derrière la table réservée au président et à MM. les députés, était un trophée de drapeaux surmonté de

cette inscription : *Réforme électorale et parlementaire;* de chaque côté, les noms des villes, chefs-
lieux d'arrondissement du département de Seine-et-
Marne. Au fond de la salle était un autre trophée de
drapeaux français et étrangers avec ces mots : *Courage civique, Probité politique.*

Etc., etc.

A quatre heures les portes sont ouvertes, et chaque
souscripteur vient occuper la place que le sort lui a
désignée. Peu d'instants après les commissaires intro-
duisent MM. les députés qui vont prendre place à une
table dressée en amphithéâtre au fond de la salle.

M. Despommiers, notaire honoraire, membre du
conseil général de Seine-et-Marne, occupe le fauteuil
de la présidence. Tous les regards se portent sur
MM. Georges Lafayette, Odilon-Barot, Drouhyn de
L'Huys, Jules de Lasteyrie et Ferdinand de Lasteyrie,
députés.

On remarque ensuite, parmi les assistants, plus de
vingt maires de l'arrondissement de Coulommiers.
— Le maire actuel de cette ville, M. Delamarre, et les
trois honorables citoyens MM. Villers, de Varennes et
Ogier de Baulny, qui l'ont précédé dans ces fonc-
tions depuis la révolution de juillet, une vingtaine de
chefs de bataillon de la garde nationale, sept conseil-
lers d'arrondissement, des notaires, des avoués.

Denx députations composées chacune de dix électeurs, étaient venues, l'une de Meaux, l'autre de
Melun. M. Chappon, président du tribunal de commerce, M. Botot, membre du conseil général, et
M. Chabanneau, ancien membre du conseil général,
en faisaient partie.

MM. les musiciens de la garde nationale, qui
avaient bien voulu prêter leur concours, exécutent la

Marseillaise et d'autres airs patriotiques, et à cinq heures M. le président ouvre le banquet par un toast :

A la souveraineté nationale et à la royauté constitutionnelle.

M. Nottin, membre du conseil d'arrondissement, porte le toast suivant :

A la Réforme électorale ! A la Réforme parlementaire !

MESSIEURS,

La vie d'un gouvernement libre est dans l'indépendance du député, dans la moralité des électeurs.

Un système électoral restreint, qui ne protége pas suffisamment la liberté des électeurs et les expose aux séductions du pouvoir et aux manœuvres des spéculateurs politiques.

Une chambre des députés, composée presque en majorité d'agents immédiats des ministres, dépendants d'eux pour leur fortune et leur avancement, chargés de juger la conduite de ces mêmes ministres, de s'opposer aux demandes incessantes de dépenses nouvelles, et de combattre les abus auxquels plusieurs d'entre eux prennent part;

Voilà un double danger pour nos institutions, pour leur sûreté, comme pour leur honneur.

Telle est la cause profonde, permanente, de tous les abus, de tous les scandales que nous déplorons.

Je vous propose donc ce toast : *A la Réforme électorale, à la Réforme parlementaire.* (Bravos ! bravos !)

M. Josseaud, avocat à la cour royale de Paris, s'est exprimé en ces termes :

Au milieu de cette patriotique réunion à laquelle tant d'hommes éminents ont voulu prêter l'éclat et l'appui de leur assistance, votre comité a voulu qu'à l'un des plus jeunes citoyens de cet arrondissement appartînt l'honneur de porter un toast qui va droit à tous les cœurs honnêtes :

A la moralité politique !

Ce toast, ce vœu est répété en ce moment par la France entière; jamais il n'eut plus d'opportunité. Toutes ces manifestations, en effet, que leur caractère de modération et de légalité propage sur la surface du pays, ont un lien et un mobile communs qui font leur force et assurent leur effet dans l'avenir. Ce lien, ce mobile, c'est le sentiment de l'honneur national blessé par la corruption et par l'improbité politique.

Est-il rien de plus douloureux à voir que le spectacle des faits qui se sont accomplis depuis ces derniers temps, soit dans les préparations électorales, soit au sein des assemblées législatives, soit à tous les degrés de l'administration? Qui de nous, en se plaçant à ce triple point de vue, ne se sent affligé de voir les uns avilir à l'avance la dignité du mandat qu'ils sollicitent en achetant des suffrages avec la monnaie équivoque de promesses de places et de faveurs ; les autres, indignes représentants d'une grande nation, entraver la marche des affaires par l'ardeur de leurs ambitions personnelles et transformer en profession lucrative le sacerdoce de la députation !

D'autres enfin (qu'il est pénible de le dire !), placés au sommet de l'échelle administrative, dépositaires responsables de la moralité de la nation, trésor plus précieux que celui de ses richesses matérielles, se créent des appuis en prêtant une oreille complaisante aux pactes illicites et secrets de l'industrialisme et de l'agiotage !

Quand des faits de cette gravité se présentent au grand jour, doit-on se borner à en gémir et à détourner les yeux ? Doit-on permettre en silence que l'esprit d'individualisme et le venin de la corruption s'infiltrent dans les veines du corps social, altèrent le foyer du patriotisme, sacrifient les grands intérêts du pays, ceux de l'agriculture et du commerce, à de honteuses transactions ? Non, sans doute : vous ne le pensez pas. (Très bien ! très bien !). C'est le devoir de tous les bons citoyens de démasquer les improbités sous quelque forme qu'elles se déguisent, de quelque région qu'elles viennent.

C'est pour cela que la France, sans être troublée, est debout, c'est pour cela que sur tous les points de ce pays, où le sentiment de l'honneur n'a jamais été impunément outragé, une grande et significative protestation s'élève ; et que dans les campagnes comme dans les villes un cri unanime est poussé : *Réforme ! Réforme !* Et puisse la vertu de ce mot purifier de tout trafic le temple national. (Bravos prolongés.)

A la moralité politique !

C'est à vous, électeurs de Coulommiers, qu'il convient de porter ce toast avec une noble fierté : car à chaque élection, vous en donnez un éclatant exemple, en réunissant vos suffrages sur l'homme qui vous réprésente si dignement. Quel autre nom, en effet, que celui de Lafayette est plus complètement le symbole de la fidélité au drapeau. (Très bien !)

Fidèles aussi au vôtre, vous avez résisté avec courage à la vivacité, à la souplesse ou à l'activité des sollicitations, vous avez su persister dans un choix qui vous honore aux yeux de la France entière ! mettant de côté, même les nuances d'opinions, vous avez voté sous l'influence de cette grande vérité : Qu'en cas de péril extrême, le plus solide rempart d'un pays, c'est l'honnêteté dans le cœur de ses représentants !

Honneur à cet arrondissement ! Ce n'est pas à lui, ce n'est pas à cette ville que pourrait s'appliquer ce mot qu'un célèbre guerrier jetait autrefois, en la quittant, à la reine des cités : Ville à vendre, si tu trouvais un acheteur ! Parmi vous, s'il venait des acheteurs, jen atteste notre passé, ils n'y trouveraient pas d'hommes à vendre !

A la moralité politique !

De longs applaudissements succèdent à ce discours.

M. Drouin de l'Huis, député, prend la parole, et s'exprime en ces termes :

Messieurs,

Lorsqu'on prononce ici le mot de corruption, il semble que l'on parle une langue étrangère. On dirait qu'il s'agit de quelque monstre fabuleux, de quelque mystérieux fléau qui n'a point envahi cette contrée et qui n'y est connu que par les récits des voyageurs. (Mouvement d'hilarité.)

Honneur à vous, messieurs, qui, depuis tant d'années, avez su conserver intacte la sainte traditon de l'indépendance ! Retranchés dans vos convictions comme dans une citadelle inexpugnable, vous avez bravé avec dédain les assauts que vous ont livrés de rares séducteurs, qui s'éloignaient bientôt avec la honte d'une mauvaise intention et sans le profit d'une mauvaise action.

Que peut en effet la corruption sur des hommes qui aiment mieux le témoignage d'une bonne conscience que les satisfactions de l'ambition et de la cupidité ? Que peut l'intimidation contre des hommes qui craignent plus un seul remords que tous les ressentiments du pouvoir. (Très bien ! très bien !)

Vous êtes à la hauteur de votre mission : vous savez que l'élu d'un arrondissement devient le député de la France entière, et ce n'est pas vous qui voudrez jamais réduire ce noble mandat aux mesquines proportions d'une agence d'affaires instituée au profit d'une localité u de quelques individus (Non ! non !).

Oui, messieurs, vous pouvez écrire sur la porte du collége électoral de Coulommiers : « *Ici la mendicité est interdite.* » (Explosion d'applaudissements). En lisant cette inscription, les quêteurs de places, les courtiers d'intrigues, les brocanteurs de votes se retirent et emportent leur ballot ou leur besace pour chercher un autre marché où ils puissent exercer plus utilement leur triste profession. (Longue interruption. — Mouvement prolongé.)

En désespérant de vous prendre au piége grossier des intérêts individuels, on vous tendra de plus ingénieuses embûches. On essaiera peut-être d'égarer vos scrupules de citoyens paisibles. « Prenez garde, vous dira-t-on avec une feinte terreur ; au bout de chaque réforme, ne voyez-vous pas un danger ; au bout de chaque progrès, n'apercevez-vous pas un abîme ? » En vérité, messieurs, si ces avocats de l'immobilité du néant eussent siégé au jour de la création dans le conseil céleste, ils auraient volontiers adressé à Dieu cette prière : « Seigneur, conservez-nous le cahos ! » (Hilarité générale.)

Que diriez-vous d'un machiniste qui, sous prétexte de modérer l'impulsion d'un convoi, laisserait s'accumuler, se condenser la vapeur dans la chaudière ? Que penseriez-vous d'un ingénieur qui, pour empêcher les inondations, contrarierait la pente naturelle des eaux au lieu de rectifier le cours du fleuve et d'en élargir le lit ? — Sans doute un char se fracasse lorsqu'il est trop rapidemment lancé dans la carrière, mais il se brise aussi lorsque, par un stupide effort, suivant l'expression d'un poète,

> ..... S'attelant par derrière,
> On veut, à reculons, l'enfoncer dans l'ornière.

Sur des âmes trempées comme les vôtres, messieurs, les chimériques frayeurs n'ont pas plus de prise que les ignobles calculs d'intérêt individuel. (Très bien ! très bien !)

Permettez-moi de vous rappeler, en finissant, une admirable parabole. Lorsque le génie du mal, l'éternel ennemi du genre humain, voulut tenter le Sauveur du monde, il le prit, l'enleva, le porta sur le pinacle du temple de Jérusalem, et là, lui montrant toutes les magnificences de l'opulente cité, il lui dit : « Je te donnerai toutes ces choses si tu te prosternes pour m'adorer. » Et nous aussi, députés, électeurs, nous voyons se renouveler chaque jour ce satanique miracle. N'oublions pas notre mission ; songeons que notre devoir est de sauver la France. Repoussons, messieurs, les tentateurs, brisons les idoles, et réservons notre encens pour cette glorieuse trinité du culte politique : l'honneur, l'ordre et la liberté ! (Longue et unanime approbation.)

M. Blavot, membre du conseil d'arrondissement, commandant la garde nationale de la Ferté-Gaucher, s'exprime en ces termes :

A notre député M. Georges Lafayette ! Au fils du général Lafayette !

MESSIEURS,

Porter un toast à notre député, c'est rendre hommage, en sa personne, à toutes les qualités qui font l'homme estimable et le loyal député ; c'est porter un toast à toutes les idées généreuses et politiques, au civisme le plus éprouvé, à l'indépendance et à la dignité du caractère, au désintéressement le plus pur. (Oui, oui.)

A M. Georges Lafayette ! au député de l'arrondissement de Coulommiers ! au député de la France constitutionnelle !

A des applaudissements prolongés succèdent les cris répétés de : *Vive Lafayette ! Vive notre député !*

M. Georges Lafayette se lève (profond silence), et répond en ces termes :

MESSIEURS ,

C'est à vous que je dois mon existence politique et l'honneur de servir mon pays. Les obligations que j'ai contractées envers vous datent déjà de loin. Au moment où la voix d'amis sincères de la liberté, de patriotes dévoués, vient de me prodiguer en votre nom d'honorables et trop flatteurs encouragements, permettez-moi de vous apporter le tribut de respect et de reconnaissance qui vous appartient à tant de titres.

En 1827, alors que le pays avait besoin de compter sur la fidélité des défenseurs de ses droits, vous avez bien voulu penser, nos honorables amis de l'arrondissement de Provins ont bien voulu penser avec vous, que le fils du général Lafayette ne pouvait pas démentir son origine, et toujours, depuis ce temps, grâce à la persévérance avec laquelle vous avez daigné m'accorder vos suffrages, j'ai eu l'honneur de représenter des hommes indépendants, purs et désintéressés.

Pendant vingt ans, vous m'avez comblé de biens, Messieurs ; aussi, jusqu'à mon dernier jour, je vous serai tout dévoué. Je connais toute l'étendue de mes devoirs envers vous ; et si j'étais jamais appelé à leur sacrifier un de mes intérêts personnels, quelque important qu'il pût être, Messieurs, vous le savez, je n'aurais pas besoin d'aller chercher bien loin mon modèle. (Applaudissements unanimes.)

Je vous remercie de m'avoir fait l'honneur de m'appeler au milieu de vous le jour où, pour arrêter les trop rapides progrès de la corruption et de la prodigalité, vous avez voulu donner votre adhésion par avance, à la réalisation de la réforme électorale et de la réforme parlementaire qui sont, en effet, les mesures les plus propres à remédier au mal que je viens de signaler. Grâces vous soient rendues de ce que, par une solennelle manifestation de vos vœux et de vos sentiments, vous donnez à vos mandataires aujourd'hui l'appui moral, régulier, légal de la puissance de l'opinion publique. Puissance inattaquable, indestructible et gardienne tutélaire du principe de nos institutions, puisqu'elle est toujours là, prête à peser de tout son poids, sur quiconque oserait y porter atteinte. Messieurs, pour qu'une grande nation, dont l'antique loyauté ne saurait être contestée, renonce aux sentiments généreux qui furent pendant si longtemps son plus précieux apanage, il ne suffit pas que ceux qui la gouvernent lui demandent le sacrifice de son indépendance et de sa dignité. Sans doute, il peut arriver que quelques hommes isolés consentent à cet ignoble abandon, mais bientôt l'opinion publique s'indigne et les répudie. C'est avec bonheur, Messieurs, que je viens de voir tout à l'heure que nous n'avons pas oublié ces paroles mémorables que prononça jadis un des plus illustres orateurs de l'opposition. « Quand on parle d'honneur en France, il y a de l'écho. » Ce n'est pas en vain, Messieurs, que vous avez fait appel à ce noble et glorieux écho, et bientôt vos députés, soutenus par la toute puissante influence d'un vœu national librement exprimé, vont rentrer dans la carrière avec confiance, ardeur et sécurité. — Permettez-moi donc de saluer avec joie l'heureux développement de nos mœurs politiques qui assure à mon pays cet avenir de sage et véritable liberté, que 1789 nous avait donné, que 1830 nous a rendu, et que vous ne laisserez pas disparaître, Messieurs, j'en ai la ferme confiance. (Très bien, très bien.)

Quant à moi, ma conscience me le dit, Messieurs, je ne quitterai jamais la route que, jusqu'à présent, j'ai toujours suivie. (Bravos ! bravos !

Consacré, pour ainsi dire en naissant, au culte de cette sainte cause que j'ai l'honneur de défendre encore aujourd'hui, j'avais à peine atteint ma dixième année quand mon cœur a palpité pour la première fois au bruit de ce cri de vive la liberté ! qui fit tomber les murs de la Bastille. — C'est au pied de la tribune de l'assemblée constituante, qu'encore enfant, Messieurs, j'ai pris les premières leçons d'amour de mon pays et de respect pour les droits de mes concitoyens. Depuis, après avoir suivi pendant assez longtemps le drapeau triomphant de notre vieille armée, j'ai eu l'insigne bonheur de devenir votre représentant et de vivre pendant bien des années dans une respectueuse intimité avec l'auteur de mes jours, avec le général Lafayette que vous avez honoré de votre affection, Messieurs ; et c'est au nom de la profonde vénération que j'ai pour sa mémoire, que je vous promets d'être toujours fidèle à mes traditions et à mes souvenirs. (Approbation générale.)

Messieurs, permettez-moi de vous proposer un toast :

Aux banquets politiques de 1847 ! A ces utiles et patriotiques réunions, qui, dans les pays libres, sont une des plus sûres garanties de l'ordre et du respect pour les lois !

Les cris de : *Vive Lafayette !* succèdent à ce discours. Lorsque le silence est rétabli, M. Delamarre, maire de Coulommiers, prend la parole et s'exprime ainsi :

Messieurs,

L'éloge qui vient d'être adressé si justement à notre député de prédilection, M. Georges Lafayette, serait incomplet et nous nous montrerions ingrats si nous ne donnions, dans cette circonstance solennelle, un souvenir à la mémoire du général Lafayette. Il a vécu parmi nous, messieurs, et il nous a mis à même d'apprécier l'élévation, la générosité et la bonté de ses sentiments. Son nom, cher à nos cœurs, est le symbole des vertus civiques, dont il a légué le noble héritage à ses enfants qui s'en montrent si dignes. (Oui, oui, très bién.)

Imitons les nations de l'antiquité qui avaient pour leurs citoyens illustres une vénération profonde et les donnaient pour exemple à la postérité ; car c'est en honorant les grands hommes que l'on fait les grands hommes. (Très bien.)

Et qui mérita mieux ce titre, messieurs, que le général Lafayette ? lui, l'apôtre et le soutien de la liberté dans les deux mondes, aidant de tout son pouvoir à l'émancipation des peuples, et portant au plus haut degré la probité politique et le dévoûment désintéressé !

Et encore, messieurs, qui contribua le plus puissamment, peut-être et avec plus d'abnégation de soi, au nom de la souveraineté nationale, à l'établissement de la royauté constitutionnelle en 1830 ? Le général Lafayette !

Qui employa tous ses efforts à former une union intime entre l'ordre et la liberté, réalisant ainsi cette grande pensée : réformer les abus pour consolider les institutions ? Le général Lafayette !

Qui voua sa vie entière au culte de la patrie, et mérita, par l'inébranlable fermeté de ses principes, le titre glorieux de vétéran de la liberté ? Le général Lafayette !

Ainsi donc, messieurs, honneur à la mémoire du général Lafayette, le régénérateur de la liberté ! ! ! (Bravos prolongés.)

M. JULES DE LASTEYRIE lui répond en ces termes :

MESSIEURS,

Après le toast qui vient d'être porté à la mémoire du général Lafayette, après les témoignages si vifs de votre sympathique approbation, vous me permettrez de ne pas parler de ma reconaissance personnelle, vous me permettrez de faire taire l'impression profonde qu'a produite en moi ce fidèle et touchant souvenir pour la mémoire de celui qui fut notre père, notre gloire, notre amour. Mes pensées se portent là où se portaient sans cesse les pensées du général Lafayette, vers les intérêts publics. Il me semble qu'il y a dans cette manifestation solennelle répétée à si peu de jours d'intervalle, dans cet enthousiasme pour un nom, parce que ce nom présente deux idées : la liberté désintéressée et le patriotisme pur de toute souillure, autre chose qu'une joie et qu'une satisfaction de famille ; il y a un haut enseignement, une leçon sévère pour les uns, un encouragement à bien faire pour les autres. (Bravos prolongés.)

Quelle belle chose, messieurs, quelle belle chose que de pouvoir servir son pays, même au prix de sacrifices, de souffrances et de dangers ! quelle belle chose que de défendre la cause nationale ! aucune cause n'a des récompenses semblables à celles-là ; aucun héritage à léguer à ses enfants qui vaille cet héritage d'estime et de respect que je recueille en ce moment, que nous vous devons et dont je vous remercie. (Bravos.)

Ceux qui dans la vie publique n'apportent qu'une vulgaire et mesquine ambition de places, de faveurs, d'argent, sont de mauvais calculateurs ; ils ne savent pas ce que valent l'approbation désintéressée d'hommes consciencieux et éclairés ; leur cœur ne bat pas avec le cœur du pays. Mais il faut leur rendre cette justice, ils ne se piquent pas de beaux sentiments ; ils vous abandonnent volontiers le monopole de l'indépendance et du désintéressement ; ils pensent qu'un homme bien avisé, député ou électeur, doit se servir, pour son ambition, du mandat qui lui est conféré pour l'exercer dans l'intérêt de tous : c'est une véritable forfaiture ! (Explosion de bravos.) Ils pensent que le budget est un champ à exploiter, un champ où quelques-uns peuvent récolter ce que tous ont semé, où ceux qui récoltent ne sont pas ceux qui ont semé. (Très bien ! très bien !) Et ce qu'il y a d'étrange, c'est qu'ils veulent vous persuader qu'en faisant leur fortune ils font la nôtre. (Bravos unanimes.)

Ils prétendent défendre les intérêts matériels, cela n'est pas, ils ne le peuvent pas. Quand une politique blesse au dehors le sentiment national, quand elle blesse au dedans le sentiment libéral, et qu'elle veut vivre (et vous savez qu'elle veut vivre), il faut qu'elle s'adresse autre part qu'aux sentiments désintéressés ; elle s'adresse à l'intérêt personnel, égoïste et cupide ; il lui faut corrompre ; et comme un gouvernement ne corrompt qu'avec l'argent des contribuables, la corruption politique conduit à la dilapidation. (Bravos.)

Aussi, voyez en quel état ces prétendus défendeurs des intérêts matériels ont réduit les finances de la France ; voici quelle est la différence entre la politique financière de l'opposition et celle du ministère.

Grâce au progrès du commerce, de l'industrie et de l'agriculture, la France, depuis huit ans, a donné une augmentation de 200 millions aux impôts de consommation ; ainsi, pour les recettes, le budget de 1848 est de 200 millions plus considérable que le budget de 1840.

Eh bien ? en présence de cette augmentation des recettes, pourquoi certains impôts n'ont-ils pas été diminués ? Ah ! parce que tout le monde en aurait profité, et que l'augmentation des dépenses ne profite qu'à quelques uns. (Très bien !) La diminution des impôts sert les intérêts de tout le monde, l'augmentation des dépenses augmente le nombre des créatures du pouvoir. (Applaudissements prolongés.)

En outre, depuis 1840, on a fait pour 1,500 millions de dettes, dettes que l'on a dissimulées avec soin au moment des élections. Aujourd'hui elles pèsent sur le crédit, rendent l'argent plus cher et plus rare, et menacent de perturbation le commerce et l'industrie. L'année dernière, la mauvaise récolte a amené une crise de subsistance ; la mauvaise administration nous prépare une crise financière.

Voilà comment ces conservateurs qui, comme le disait si spirituellement à Meaux, il y a trois jours, M. Drouyn de l'Huis, ne conservent rien pour conserver nos finances. (Bravos prolongés.) Ils n'ont pas mieux conservé la morale publique et la bonne administration.

Aussi, le général Lafayette, dont vous venez tout à l'heure d'honorer la mémoire d'une manière si touchante, le général Lafayette, patriote prévoyant, ne séparait jamais les idées d'amélioration matérielle des idées de progrès moraux ; il unissait toujours à l'idée de la liberté celle du gouvernement à bon marché. Aujourd'hui surtout les intérêts moraux et matériels sont intimement liés ; sans une Chambre entièrement indépendante et désintéressée, on n'obtiendra jamais des économies dans les dépenses, et c'est seulement à l'aide des économies que l'on pourra relever la moralité publique, restaurer la bonne administration, étouffer les abus, rendre au pays sa force et sa grandeur et fonder notre gouvernement sur la base solide et brillante de nos institutions purifiées. (Très bien ! — Bravos unanimes.)

M. EDMOND LAFAYETTE, avocat à la cour royale de Paris, électeur de l'arrondissement, fils de M. Georges Lafayette propose le toast suivant :

MESSIEURS,

Vous venez de porter un toast à la moralité politique, à la réforme électorale et parlementaire ; qu'il me soit permis à mon tour de vous parler de ceux qui, en défendant par leur parole, leur conduite et leurs actes, ces deux grands principes de moralité et de réforme politique, ont été les véritables interprètes des sentiments et des intérêts du pays. Rendons hommages, Messieurs, aux députés de l'opposition qui ont fidèlement accompli leur mandat et qui n'ont apporté dans les affaires publiques d'autre intérêt que celui de ces affaires elles-mêmes. Ils n'ont pas recherché les faveurs du pouvoir, c'est au pays à leur offrir la récompense dont ils sont dignes, l'approbation publique et manifeste de tous les honnêtes gens. (Oui, oui !)

Si parfois leur vie parlementaire n'a point été exempte de labeurs et d'amertume, si parfois ils ont vu leurs patriotiques efforts rester impuissants, qu'en revenant au milieu de vous, au milieu de leurs concitoyens, ils trouvent, Messieurs, un glorieux dédommagement de leurs peines et de leurs travaux dans la vivacité de vos sympathies, dans l'éclatante expression de votre reconnaissance. (Applaudissements.)

Entre tous, et parmi ceux-là même présents à ce banquet qui ont déjà donné à la patrie des gages de leur désintéressement, des preuves de leur talent, permettez-moi, Messieurs, de distinguer notre hôte éminent, M. Odilon-Barrot, orateur éloquent, citoyen désintéressé, homme d'État vertueux. (Approbation générale.) Il a su allier la fermeté de caractère à la modération des opinions; le plus vif amour de la liberté au respect pour les institutions, il honore son parti par ses grands talents et plus encore par la pureté et l'élévation de son caractère. (Bravos unanimes.)

Son exemple nous anime, nous console et nous apprend que nous ne devons jamais désespérer de la cause de la liberté.

Messieurs, aux députés de l'opposition !

M. ODILON BARROT se lève; le plus profond silence s'établit. L'illustre orateur s'exprime ainsi :

Tout entier aux émotions que me cause cette fête patriotique à laquelle vous m'avez fait l'honneur de me convier, je n'ai pas de paroles pour vous exprimer ma reconnaissance et mon admiration pour les nobles sentiments qui animent la population de votre pays.

Malheur au gouvernement qui pourrait perdre l'estime et l'amour d'une population si morale, si amie de l'ordre, si sincèrement dévouée à tous les sentiments de moralité et probité politiques; malheur au gouvernement qui perdrait son estime, car en même temps il perdrait son amour ; on ne peut aimer ceux que l'on n'estime pas.

L'opposition constitutionnelle, depuis dix-sept ans, poursuit sans relâche un seul but, la réalisation sincère et sérieuse de la vérité du gouvernement représentatif en France ; elle veut relever les institutions constitutionnelles, et, par ces institutions, la dignité et la moralité des citoyens. (Bravos prolongés.)

Il y a une autre opinion qui s'est servie de ces institutions pour les corrompre, pour introniser l'immoralité politique, de manière que cette liberté sainte a été, dans les mains de cette opinion, un prétexte pour introduire dans les mœurs publiques d'ignobles habitudes de trafic. (Adhésion générale.)

Ainsi ces institutions si précieuses, si chèrement conquises, pour lesquelles des générations héroïques ont versé leur sang sur tant de champs de bataille, auraient abouti à ce honteux résultat de donner à quelques hommes des moyens de bénéfice et de lucre. (Non ! non ! jamais ! jamais !)

Ah ! ces hommes se préoccupent de la crainte que notre révolution pourrait inspirer à l'étranger ; ils ont travaillé pourtant à la rendre peu redoutable. Grâce à eux, ce n'est pas la crainte qu'elle

pouvait inspirer, c'est plutôt le mépris ; mais qu'ils y prennent garde !
il faut qu'on la respecte au dehors cette glorieuse révolution, il faut
par dessus tout qu'on l'estime ! (Oui ! oui ! — Très bien ! — Applaudissements.)

La France se lève et elle proteste par le cri de toutes les cons-
ciences. (Bravos unanimes.)

Vous vous taisiez, et ce silence était pris pour de l'indifférence,
parce que, pleins de confiance dans votre force, vous renfermiez le
sentiment d'une indignation trop légitime au fond de vos cœurs ; on
exploitait votre patience et on disait à l'opposition : « Où sont donc
les échos qui répètent vos plaintes ! »

Aujourd'hui l'écho répond de Paris à l'Alsace, du nord au midi,
de l'est à l'ouest ; la grande et généreuse nation se lève enfin pour
venger ses institutions atteintes par l'égoïsme et l'intérêt privé. (Explosion d'applaudissements.)

Les principes de la politique de l'opposition constitutionnelle sont
bien simples : nous pensons qu'il faut gouverner par les sentiments
généreux, que le gouvernement doit s'adresser à l'honneur, à la pro-
lbité des citoyens ; qu'il doit faire appel à leur amour de l'ordre et de
a liberté. (Oui ! oui ! — Très bien !)

Nos adversaires nous disent que nous sommes *des dupes*, c'est-à-
dire qu'ils veulent gouverner par les sentiments vils, par les cordes
basses du cœur humain, par l'égoïsme, par l'individualité ; il faut le
dire, ce triste système a réussi ; mais, disons-le à l'honneur de notre
France, de pareils succès ne sauraient être de longue durée, et le
moment n'est pas éloigné où une réaction universelle viendra attein-
dre et bouleverser de si honteux calculs. (Très bien ! très bien !)

Nous sommes *des dupes* parce que nous croyons à l'honneur ! Nous
sommes des utopistes parce que nous avons une foi sincère dans la
la liberté humaine et une confiance inaltérable dans la probité et dans
la moralité de notre pays ! Eh bien ! jusqu'à la fin, dussé-je être seul,
je conserverai cette confiance. (Applaudissements unanimes.)

Messieurs, c'est une consolation que vous donnez aujourd'hui aux
hommes qui ont persévéré dans la ligne de la constitution : c'est une
grande consolation, c'est aussi une grande force pour eux de savoir
que dans la carrière pénible qu'ils parcourent, ils ne sont pas isolés,
et qu'ils sont soutenus par les sentiments généreux du pays ; oui,
c'est là une grande consolation et, je le répète, je serais abandonné,
ma voix s'élèverait seule à la tribune nationale ; ma conscience me
dit en termes si énergiques que je suis dans la vérité, que je persévé-
rerais dans ma conduite, non pas seulement par honneur, mais sur-

tout dans l'intérêt de ce gouvernement qui nous traite de factieux et qui nous repousse... Car là est la conservation, le salut; ailleurs je n'aperçois que le danger, la honte et la corruption avec ses résultats factices, éphémères, la corruption impuissante, et qui doit inévitablement conduire à la ruine. (Bravos! bravos!)

Et croyez-vous que cette nation consente à supporter longtemps un tel système, à subir une telle situation? Une réaction violente en serait bientôt la conséquence inévitable : il n'y a pas d'exemple que la violence ne soit venue à la suite de la corruption, car corrompre c'est s'abandonner à la force matérielle. (Très bien! très bien!)

Au contraire, faire appel au désintéressement, à la probité, à la moralité politique, voilà le moyen de venir en aide à ce gouvernement que nous voulons maintenir. Oui, c'est pour le sauver que nous voulons une réaction morale et honnête, ear il est l'enfant de la plus glorieuse, de la plus héroïque révolution qui ait jamais éclaté dans le monde; et comment ce gouvernement sorti d'une origine si pure pourrait-il vivre dans des éléments impurs! (Triple salve d'applaudissements.)

Messieurs, je vous remercie du généreux exemple que vous donnez; tout est dit pour vous; pourquoi vous parler probité, moralité, à vous qui faites plus que de parler de ces vertus, à vous qui les pratiquez? Je vous remercie de la manière dont vous avez accueilli mes paroles; vous avez senti qu'elles découlaient d'un cœur sincèrement dévoué à son pays. (Adhésion unanime, bravos prolongés.)

Messieurs : *A l'arrondissement de Coulommiers!*

Puisse l'exemple qu'il donne depuis vingt ans s'étendre et se propager; puissent les autres arrondissements l'imiter dans son culte pour la liberté!

Une longue et profonde émotion succède à ce discours; tous les convives s'inclinent devant l'orateur qui a si bien exprimé ce qu'ils sentent.

M. LE MARQUIS DE VARENNES, ancien maire de Coulommiers porte le toast suivant :

Au comité central des Electeurs de la Seine! qui, puisant sa force dans un profond esprit national, a su donner une noble et énergique impulsion aux autres départements, et leur communiquer en même-temps le sentiment d'ordre, de sagesse prévoyante et d'honorable maintien dont il est animé ; car, Messieurs, ainsi qu'on l'a si bien dit dans une autre enceinte, ici réformer, c'est maintenir.

Au vénérable Président du comité central, Monsieur de Lasteyrie ! dont nous regrettons l'absence, mais heureusement représenté à ce banquet par son fils, M. Ferdinand de Lasteyrie. (Approbation marquée.)

M. Ferdinand de Lasteyrie répond en ces termes :

Messieurs,

Vous aviez eu la bonté de convier à ce banquet le président du comité des électeurs de la Seine. Son grand âge, qui ne saurait refroidir son ardent patriotisme, met cependant des limites à ses forces physiques, et il s'est vu, bien à regret, dans l'impossibilité de répondre à votre appel. Il m'avait chargé, Messieurs, d'exprimer à chacun de vous en particulier sa profonde reconnaissance ; mais le toast qui vient d'être porté me donne une précieuse occasion de vous offrir l'expression collective de sa gratitude et de la mienne ; j'ajoute « de la mienne, » car si de pareils témoignages d'estime sont une douce récompense pour un vieillard, dont la carrière a toujours été honnête et pure, ils sont en même temps un noble et touchant enseignement pour son fils.

Je ne remplirais qu'une faible partie de mon devoir si, en ma qualité de député de la Seine, et en vertu du lien étroit qui doit toujours unir les électeurs et leurs élus, je ne vous remerciais aussi, Messieurs, du toast que vous venez de porter au comité central. Par cela même que je ne fais point partie du comité, je puis parler avec plus de liberté des services qu'il a rendus.

Sa première pensée, le premier mot qu'il a inscrit sur son drapeau a été l'*union*, l'union de tous les hommes, de tous les partis qui veulent la sincérité de nos institution, la probité politique et l'honneur national. (Très bien.) N'est-ce pas là, en effet, notre premier besoin ? (Oui, oui.) Pour s'assurer le concours de nos adversaires, le pouvoir dispose d'un budget de plus de quinze cents millions, il dispose d'une foule de places et d'honneurs, appas également puissants pour la vanité des uns, pour la cupidité des autres. Comment triompher jamais de ces moyens de séduction, si, de notre côté, nous ne cherchons la force dans l'union ?

Les électeurs de la Seine ont entendu l'appel du comité central. Ils ont triomphé dans la dernière lutte parce qu'ils étaient unis, parce qu'ils étaient indépendants.

Un de nos concitoyens disait tout-à-l'heure avec raison qu'il n'y avait pas de gouvernement représentatif possible sans députés indé-pendants. A mon tour, je dirai qu'il n'y a pas de gouvernement re-présentatif possible sans électeurs indépendants.

L'indépendance, où la trouver? On l'a souvent cherché dans la fortune, mais de grands et tristes exemples ne nous ont que trop ap-pris ce que valait ce genre de garantie, et nous savons tous que sous la veste de l'ouvrier, sous la blouse du laboureur, bat un cœur plus désintéressé que sous l'habit des agioteurs politiques ou financiers.

La vraie indépendance a sa source dans le caractère; elle se fortifie dans l'habitude du travail. (Très bien, très bien.) Celui qui sait suf-fire à ses besoins par l'usage intelligent de son bras ou des forces de sa pensée, celui-là seul possède de véritables éléments d'indépen-dance. Et voilà pourquoi la corruption trouve si peu à faire dans les grands centres de commerce et d'industrie comme Paris, dans les pays de riche et bonne agriculture comme le vôtre. (Assentiment gé-néral.)

Comparez à cela ces petits arrondissements besogneux, ces col-léges de cent cinquante électeurs, où quelques voix achetées suffisent pour faire pencher la balance en faveur du pouvoir. Là, tout esprit politique est mort; le vote est un contrat entre l'électeur et l'élu, contrat dont l'électeur ne se fait pas faute d'exiger l'exécution au jour de l'échéance. Et c'est ainsi que, de toutes les extrémités de la France, nous voyons fondre sur Paris cette nuée de solliciteurs, de mendiants de tous étages, dont les abords de la Chambre sont telle-ment encombrés, qu'il y a deux ans à peine, la Chambre elle-même a été forcée de les chasser de ses antichambres.

A de pareils scandales, l'augmentation du nombre des électeurs est le seul remède possible, et c'est pour cela que le comité central la demande avant tout.

Mais, encore une fois, le seul moyen d'arriver à ces réformes, si urgentes, le seul moyen d'imposer au pouvoir la volonté du pays, c'est l'union. (Oui, très bien.)

Pour assurer leur action commune, nos adversaires ont un lien puissant, l'intérêt. Un lien d'un autre genre, mais plus puissant en-core, doit nous unir... les principes !

A eux le présent! A nous, comme le disait tout-à-l'heure une voix plus éloquente que la mienne, à nous l'avenir !

A eux le présent, avec ses satisfactions que personne ici ne leur envie, mais aussi avec ses remords plus tard, et son châtiment peut-être ! (Très bien !)

A nous l'avenir, avec ses sacrifices aujourd'hui, mais aussi avec sa récompense un jour, avec la foi qui guide nos efforts, et l'espérance qui soutient notre courage ! (Approbation.)

Permettez-moi donc de terminer, Messieurs, en buvant à l'union sincère de tous les partisans de la réforme, de tous ceux qui veulent sérieusement faire triompher la probité politique et l'honneur national !

A l'union des électeurs indépendants de toute la France !

(Bravo, bravo.)

M. PIERRE DESPOMMIERS. *A l'Union des Électeurs de Seine-et-Marne.* (Applaudissements.)

M. CHAPPON, président du tribunal de commerce de Meaux, répond ainsi :

MESSIEURS,

Il y a long-temps déjà qu'une communauté d'opinion et de sentiments réunit les arrondissements de Coulomiers et de Meaux ; sous la Restauration, nos luttes et nos triomphes étaient communs ; alors que nous avions l'honneur d'envoyer à la Chambre l'immortel Lafayette, vous nommiez son digne fils, M. G. Lafayette.

Plus heureux que nous, depuis vingt-cinq ans, par votre patriotisme, votre courageuse persévérance, vous avez su déjouer toutes les intrigues, et maintenir sur les bancs de la Chambre votre honorable député ; si, moins heureux, nous avons succombé une fois, ne croyez pas, Messieurs, que l'opinion libérale ait perdu chez nous ; quelques-uns des nôtres, trompés par de fallacieuses promesses, ont pu, un instant, s'égarer dans leurs votes, mais notre dernier triomphe assure pour long-temps la prépondérance des opinions indépendantes dans l'arrondissement de Meaux, et aujourd'hui, comme autrefois, lorsque vous chargez l'honorable fils du général Lafayette de vous représenter, nous avons le bonheur d'envoyer à la Chambre son petit-fils. Cette élection assure la majorité à l'opinion libérale dans la représentation de notre département. Espérons que, suivant nos exemples, les colléges de Fontainebleau et de Provins nommeront à l'avenir des députés indépendants, et alors les électeurs de Seine-et-Marne, comme ceux de l'Aisne, pourront se glorifier de l'unité de leur députation, et, comme disait naguère le grand citoyen que nous avons l'honneur de posséder aujourd'hui parmi nous, ils pourront répéter : ce sont les bons et loyaux électeurs qui font les bons et loyaux députés ; permettez, Messieurs, aux électeurs de l'arrondissement de Meaux d'applaudir au toast qui vient d'être porté :

A l'union des électeurs indépendants de toute la France ! (Bravo, bravo.).

Ici l'un des commissaires annonce une quête en faveur des pauvres. Cette quête, immédiatement faite par chaque président de table, produit une assez forte somme qui a été versée le lendemain dans la caisse du bureau de bienfaisance de Coulommiers.

Le même commissaire lit une pétition en faveur de la réforme électorale. Des exemplaires circulent sur toutes les tables et sont couverts de signatures.

M. Drouyn de l'Huys, député, porte un dernier toast à M. le président et à MM. les commissaires qui ont si bien organisé, dit-il, cette belle et patriotique réunion.

M. le président remercie, an nom de l'assemblée, MM. les députés d'avoir bien voulu accepter les invitations qui leur avaient été adressées, et lève la séance.

Il est neuf heures ; la musique exécute une dernière fois la Marseillaise, et les convives se séparent dans le plus grand ordre.

La foule se presse sur les pas des députés. On entend partout les cris de : Vive Lafayette! vive Odilon-Barrot!

Imprimerie de MAULDE et RENOU, rue Bailleul 9-11.   (1256)